Umschlaggestaltung von Edgar Dambacher
Umschlagzeichnungen von Art Studium
Texte und Illustrationen von Art Studium
Aus dem Spanischen übersetzt von Friederike Specht
Die deutsche Fassung wurde überarbeitet von Claus Velmeden
Titel der Originalausgabe: „Los Grandes Ríos de Asia y Oceania"
Erschienen bei Ediciones AFHA Internacional, S. A., Barcelona
ISBN 84-201-0420-5 Edición Española
Depósito Legal B. 21.599-1976

CIP-Kurztitelaufnahme der Deutschen Bibliothek

Asien: entlang d. großen Ströme / Texte u.
Ill. von Art Studium. Die dt. Fassung wurde
überarb. von Claus Velmeden. – 1.–15. Tsd. –
Stuttgart: Franckh, 1976.
([Bunter Kinder-Kosmos] Bunter Bilder Kosmos)
Einheitssacht.: Los grandes ríos de Asia y
Oceania ›dt.‹.
ISBN 3-440-04311-8
NE: Velmeden, Claus [Bearb.]; Art Studium; EST

Weitere interessante, reich illustrierte Bände aus Natur und Technik:
MENSCHEN DER URZEIT
GROSSE ERFINDUNGEN
SONNE, MOND UND STERNE
MENSCHEN UND WAFFEN
AMERIKA – ENTLANG DER GROSSEN STRÖME
AFRIKA – ENTLANG DER GROSSEN STRÖME

Franckh'sche Verlagshandlung, W. Keller & Co., Stuttgart/1976

Printed in Spain / Imprimé en Espagne
LH 9 Ste / ISBN 3-440-04311-8
Satz: IBV Lichtsatz KG, Berlin / Druck: Emograph, S. A., Barcelona

Die Tundra. Die sibirischen Ströme münden in das Nördliche Eismeer, jenseits des Polarkreises. Sie durchqueren demnach die Tundra, dieses Land, in dem das Erdreich stets gefroren ist und wo nur Moose und Flechten gedeihen.

Der Ob

Das weite Land Sibirien umfaßt den nordasiatischen Raum vom Uralgebirge im Westen bis zum Pazifik im Osten sowie vom Nördlichen Eismeer im Norden bis zu den Grenzen der Volksrepublik China, der Mongolei und Kasachstans im Süden.
Wer den Namen Sibirien hört, denkt unwillkürlich an klirrende Kälte. Während des langen Winters sinken die Temperaturen bis auf 60–65° C unter Null. Im Sommer erreichen sie kaum 18° C. Es regnet selten. Im Fernen Osten dagegen sind durch den Einfluß des Pazifischen Ozeans die Regenfälle häufiger und die Temperaturen gemäßigter.

Die sibirische Pflanzenwelt ist in drei breite Gürtel unterteilt. Den südlichsten Gürtel bildet die Steppe, in der Landwirtschaft und Viehzucht möglich sind.
Nördlich davon schließt sich die Taiga an, ein nahezu undurchdringliches Waldland, in dem während des Sommers schöne Nadel- und Laubbäume grünen. Der Boden ist immer morastig und von einer dicken Schicht fast lederharter Blätter bedeckt, die langsam vermodern.
Hoch im Norden finden wir schließlich die Tundra. Das Erdreich ist tief gefroren und taut im Sommer lediglich an der Oberfläche auf. Dann verwandelt sich das Land in einen Sumpf, in dem nur vereinzelt Moose und Flechten gedeihen.
Das erste große Flußsystem, auf das wir stoßen, wenn wir von Westen her in Sibirien eindringen, ist der Ob-Ir-

tysch. Er zieht durch das Westsibirische Taiga- und Tundrengebiet, eine der ausgedehntesten Ebenen der Welt. Der Ob ist 4016 km lang (mißt man von den Quellen des Irtysch bis zur Mündung, sind es sogar 5300 km). Durchschnittlich fließen pro Sekunde 12 500 m³ Wasser flußabwärts. Er wird bis zu 35 km breit.

Der Riesenstrom entsteht im Altaigebirge unweit von Bisk aus dem Zusammenfluß der Bija und des Katun. In Barnaul und Nowosibirsk überqueren ihn die Transsibirische Bahn (Transsib) und die Turkestan-Sibirische Eisenbahn (Turksib).

Der Irtysch allein mißt 3700 km. Er entspringt in den Höhen des Altai auf chinesischem Boden, erweitert sich zum Saisan-See und durchfließt unter anderem die Städte Semipalatinsk, Omsk und Tobolsk.

Holztransport auf einem sibirischen Fluß. Die weiten Wälder der Taiga machen Rußland zum bedeutendsten Exportland für Holz. Die Baumstämme werden auf den Flüssen transportiert. Dazu bedient man sich modernster Methoden. Unser Bild zeigt einen Amphibien-Traktor.

Im Mündungsgebiet des Ob-Busens wird das Eis zur Winterzeit bis zu eineinhalb Meter dick. Etwa 155 Tage im Jahr ist der Strom eisfrei. Der Ob und seine Zuflüsse bilden ein schiffbares Netz von 51 970 km. Ein guter Teil davon ist von großer Bedeutung für den Transport der gewaltigen Baumstämme aus der Taiga. Zur Erzeugung von Elektroenergie wurden Staudämme gebaut. Außerdem errichtete man große Fabriken zur Fischkonservierung sowie Sägewerke und andere Industriebetriebe. In den Tälern der Bija und des Katun werden reichhaltige Vorkommen an Gold, Mangan und Quecksilber ausgebeutet.

Im äußersten Norden des Ob leben die Samojeden, im Süden die Ostjaken und weiter westlich (dem Ural zu) die Wogulen. Es sind ugrische Völker, eine Mischrasse zwischen Weißen und Gelben. Sie sind Hirten und Jäger. Ihre Lebensgrundlage ist das Rentier. Aus seinen Fellen fertigen sie Kleidung und Schuhwerk, aber auch ihre Jurten (Zelte, in denen manchmal bis zu dreißig Familien hausen). Sie jagen Hermeline, Schneehasen, Zobel, Eichhörnchen, Elche, Enten und Vögel. Obwohl der Bär ihr Totem ist, machen sie auch Jagd auf ihn. Sie fangen ihn jedoch lebend, schmücken ihn und töten ihn im Verlauf einer eigentümlichen rituellen Zeremonie. Sie glauben nämlich, daß die Opfertiere wieder ins Leben zurückfinden.

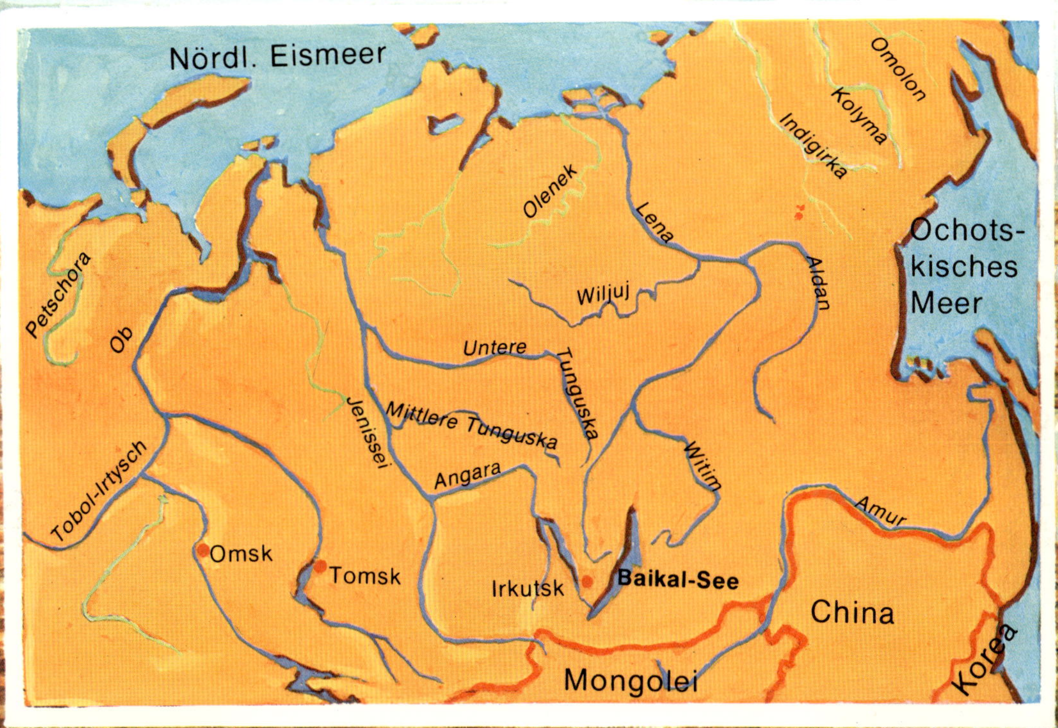

Der Jenissei

Der Jenissei entsteht in der Nähe von Kyssl durch die Vereinigung der Flüsse Bolsoj und Maj. (Man nennt sie auch den Großen und den Kleinen Jenissei.) Der eine entspringt im Sajansk-Gebirge, der andere in den Bergen des Tanna-Ula nahe der mongolischen Grenze. Der Lauf des Jenissei wendet sich geradewegs nach Norden und mündet wie der Ob in die Kara-See. Dieser zweitgrößte Fluß Sibiriens ist 4185 km lang und führt dem Meer pro Sekunde 14000 m³ Wasser zu.
Von Westen her nimmt der Jenissei nur einige unbedeutende Flüsse auf. Aus östlicher Richtung hingegen kommen ihm so mächtige Ströme entgegen wie die Angara (auch Obere Tunguska genannt), die Mittlere Tunguska, die Untere Tunguska und die Kureika. Die Angara entsteht aus dem Abfluß des Baikal-Sees. Ihr Lauf ist reich an Schnellen und Strudeln. Sie führt dem Jenissei ein Drittel seiner Wassermenge zu. Die Mittlere und die Untere Tunguska fließen fast parallel zueinander durch die Taiga – dieses Land mit seinen endlosen Wäldern, für das die Sibirier eine nahezu mystische Liebe empfinden und das sie zu den schönsten Geschichten und Legenden angeregt hat, die alle die Freiheit verherrlichen.

Der Jenissei ist jedoch nicht nur schön; auch seine wirtschaftliche Bedeutung ist nicht zu unterschätzen. Man hat dort Kohlevorkommen entdeckt, die 70% der gesamten russischen Reserven ausmachen, obendrein Eisen, Kupfer, Zinn, Gold, Silber, Asbest, Glimmer, Flußspat und viele andere Mineralien. Die riesigen Wälder liefern schier unerschöpfliche Holzvorräte, die auf dem Strom bis nach Murmansk transportiert werden. Wasserkraftwerke versorgen die Schwer- und Leichtmetallindustrie von Krasnojarsk mit Energie.
Im Süden von Krasnojarsk erhebt sich bei Diwnogorsk ein mächtiger Staudamm. Zum Anheben der Schiffe bedient man sich einer modernen Methode, die schneller und wirtschaftlicher ist als Schleusen: Man verwendet Container, die mit Rädern versehen sind und auf einer Rampe nach oben gleiten.

Um 1610 gelangten russische Abenteurer und Kaufleute zu dem Strom und gründeten acht Jahre später am linken Ufer die Stadt Jenisseisk. Um 1860 wurde mit dem Abbau von Kohle und Graphit angefangen. 1920 begannen die Sowjets mit der Nutzung des Flußtals.

Der Jenissei ist, was seine Länge und seinen Wasserreichtum anbelangt, der zweitgrößte Strom Sibiriens, wirtschaftlich gesehen jedoch der bedeutendste. An seinem Lauf liegen große Industriestädte wie Krasnojarsk mit 700000 und Norilsk mit 175000 Bewohnern.

Auf seiner ganzen Länge ist der Jenissei schiffbar. Dank modernster hydraulischer Konstruktionen können die Schiffe fast bis zu den Quellen des Flusses hinauffahren.

Die Lena

Im Gebiet von Irkutsk, 30 km weit entfernt vom Baikal-See und von ihm durch eine hohe Bergkette getrennt, entspringt die Lena. Sie bildet auf ihrer vollen Länge die Grenze zwischen dem Mittelsibirischen Bergland und den ostsibirischen Gebirgen. Von ihrer Quelle aus fließt sie zunächst der Angara zu, wendet sich dann nach Nordosten und streift fast die Untere Tunguska. Sie pas-

Jakutische Hirten. Die Lena ist der längste und wasserreichste Fluß der UdSSR, aber seine wirtschaftliche Nutzung ist gering. Von der Lena bis zu den Küsten des Eismeers und des Pazifiks leben die Kajuten, ein Volk mongolischen Ursprungs. Als Hirten und Jäger streifen sie durch die einsamen Weiten.

siert die Städte Kirensk, Olekminsk, Jakutsk, Shigansk und Katschuga. Kurz hinter Jakutsk stößt sie auf das Werchojansk-Gebirge; dort richtet sie ihren Lauf nach Nordwesten und mündet über ein fächerförmiges Delta aus 45 Armen in die Laptew-See im Nördlichen Eismeer. 4246 km hat sie bis dahin zurückgelegt, und jede Sekunde führt sie dem Meer 15000 m^3 Wasser zu.

Beiderseits nimmt die Lena wichtige Nebenflüsse auf (im ganzen sind es mehr als 320). Bei ihrer Vereinigung mit dem Aldan erreicht sie eine Breite von 19 km. Als gewaltiger Strom setzt sie bedächtig ihre Reise zum Meer fort, wird jedoch vor der Mündung nochmals schmaler (5–6 km) und zugleich tiefer.

Die Jakuten, ein sibirisches Volk mongolider Herkunft, leben an der Mittleren und Unteren Lena sowie längs der Küste. Sie glauben an die Seelenwanderung und fürchten sich vor übernatürlichen Kräften. In allen Lebenslagen suchen sie den Beistand der Schamanen (Zauberer): zur Heilung von Krankheiten, Vertreibung böser Geister, Beschwörung des Regens, Erfolg bei der Jagd und Namensgebung von Neugeborenen.
Die Stadt Jakutsk wurde 1632 von Kosaken gegründet. Jahrhundertelang verbannten die Zaren ihre politischen Gegner in das Gebiet um die Lena. Wenngleich mancherorts Goldfelder ausgebeutet werden, gehört dieses Land zu den noch am wenigsten erschlossenen der Sowjetunion.

Der Amur

Ist der Amur nun der letzte sibirische Strom im Osten oder der erste chinesische im Norden? Wohl beides zugleich. Er entsteht aus den Quellflüssen Argun und Schilka. Der letztere bildet sich bei der gleichnamigen Stadt in der Gegend von Tschita aus dem Zusammenfluß des Onon und der Ingoda. Diese beiden Flüsse und auch der Argun entspringen im Khan-Ula-Gebirge (Mongolei). Dort heißt der Argun Kherlen oder Kerulen. Von seiner Quelle aus wendet er sich nach Westen und staut sich im Kulun-See, nicht weit vom nördlichen Teil der Großen Chinesischen Mauer entfernt. Dieses gewaltige Bauwerk wurde im 3. Jahrhundert v. Chr. unter der Tschou-Dynastie begonnen, um das Eindringen der mongolischen Nomaden zu verhindern, die von Norden her die chinesischen Städte bedrohten. Unter der Herrschaft des Kaisers Schin Huang Ti wurde die Mauer im 2. Jahrhundert v. Chr. vollendet.

Vom Kulun-See an wird der Fluß Argun genannt. Von hier aus bildet er die Grenze zwischen Sibirien und China. Dann vereinigt er sich mit dem Schilka und bleibt nun – als Oberer Amur – Grenzstrom bis nach Chabarowsk. Jetzt wenden sich Fluß und Grenze in entgegengesetzte Richtung: Die Grenze knickt nach Süden ab, entlang dem Ussuri und seinem Nebenfluß Sungacha bis zum Chanka-See; der Amur dagegen macht einen Bogen nach Nordosten und mündet bei Nikolajewsk, gegen-

Eine Mongolin. Auf dieser Abbildung sehen wir eine typische Vertreterin dieser stolzen und kraftvollen gelben Rasse.

Hafen am Amur. Die vielen Sandbänke in den Mündungen des Amur machen die Schiffahrt unmöglich. Über den Ussuri gelangen die Fahrzeuge bei der Stadt Chabarowsk auf den Amur. Von hier aus ist der Strom auf einer langen Strecke schiffbar.

Die besten Reiter der Welt sind wohl die Mongolen. Unermüdlich sitzen sie viele Stunden auf ihren Pferden. Mitunter schlafen sie im Sattel. Oft steigen sie sogar zu Pferd, um von einer Jurte zur andern zu kommen.

über des Nordzipfels der Insel Sachalin, in die »Tatarenstraße« des Ochotskischen Meers.
Die Mongolen gelten als die typischsten Vertreter der gelben Rasse. Sie sind Nachfahren jener kriegerischen Horden, die seit dem 13. Jahrhundert unter Dschingis Khan und Kublai Khan den europäischen Osten und Mittelasien überrannten. Tapferkeit, Geduld und Aufrichtigkeit sind die hervorstechendsten Eigenschaften dieses einst so wilden Volks. Auch heute noch leben die Mongolen hauptsächlich von der Pferde-, Kamel- und Schafzucht.

Die sibirische Fauna

In den drei sibirischen Landschaftsgürteln leben viel mehr Tierarten, als man in diesem unwirtlichen und kalten Klima erwarten würde.

Der Elch ist das größte Tier der Taiga. Er erreicht eine Schulterhöhe von 2 m und wiegt etwa 800 kg. Sein schwerer Schädel wird von einem Geweih gekrönt, das zwischen den äußersten Enden bis zu 2 m breit werden kann. Trotz seines plumpen Aussehens ist er schneller und widerstandsfähiger als das Pferd. In der Sowjetunion versucht man ihn deshalb zum Haustier zu machen.

Der in Sibirien heimische gemeine Bär ist ein hervorragender Jäger und Fischer, frißt aber mit ebensolcher Vorliebe Beeren und Honig. Viele Marderarten sind in der Taiga vertreten: Vielfraß, Wiesel, Hermelin, Nerz und Nutria. Statt des gemeinen Marders gibt es östlich des Jenissei den Zobel, dessen feines schneeweißes Fell fast zu seiner Ausrottung geführt hätte. Das Flughörnchen verbringt die meiste Zeit des Tages in Baumhöhlen. Um auf die Erde zu springen, spreizt es die pelzbedeckten Häute zwischen den Pfoten und formt so eine Art

Die Geierfalken sind die größten euroasiatischen Vertreter ihrer Gattung. Sie jagen nicht aus dem Hinterhalt, sondern suchen ihre Beute – Vögel und Nagetiere – im Flug. ▶

Ein Elch. Er ist das größte Tier der sibirischen Wälder und gehört zur Familie der Hirsche. Seine Beine sind sehr lang, damit er sich in den Sümpfen fortbewegen kann. Sein Fell ist bräunlich-rot, sein Geweih dunkel. Den Sommer verbringt er meist im Wasser, wo er Gräser am Grunde frißt.

Sibirischer Tiger. Diese größte aller Raubkatzen übertrifft selbst den von alters her berühmten indischen, den sogenannten bengalischen Tiger. Sein Fell ist langhaariger und von weißlich-gelber Färbung.

Der Vielfraß ist der größte der Musteliden (Fleischfresser, zu denen Marder, Hermelin und Wiesel zählen). Er jagt und frißt alles. Als einziges Raubtier wagt er sich auch an Elche heran.

Fallschirm, mit dessen Hilfe es 30–40 m weit segeln kann. Die größte Raubkatze nicht nur Sibiriens, sondern der ganzen Welt ist der Sibirische Tiger, auch Amur-Tiger genannt. Er ist größer und kräftiger als der berühmte Bengal-Tiger; sein Fell ist länger und heller, beinahe gelblich weiß.

Die Tundra ist das Land der Rentiere, die auf der Suche nach Flechten, ihrer Hauptnahrung, umherziehen. Sie ist jedoch auch das Land der Polarhasen, die – mit Ausnahme der Ohren – ganz weiß sind. Der Lebensraum des Wolfs reicht bis in die Tundren hinauf, und die schönen weißen Polarfüchse streiten sich hier um Fleischreste, welche die Eisbären von ihrer Beute übriglassen. Diese prächtigen Pelztiere, die an der Küste des Nördlichen Eismeers hausen, jagen sehr geschickt Seehunde und Walrosse. Die Robben dringen weit auf das sibirische Festland vor.

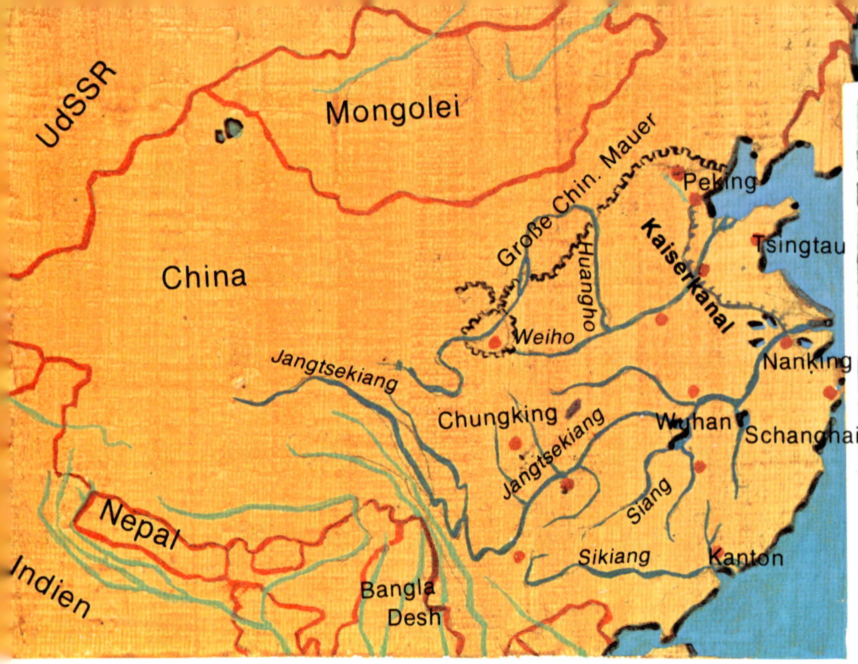

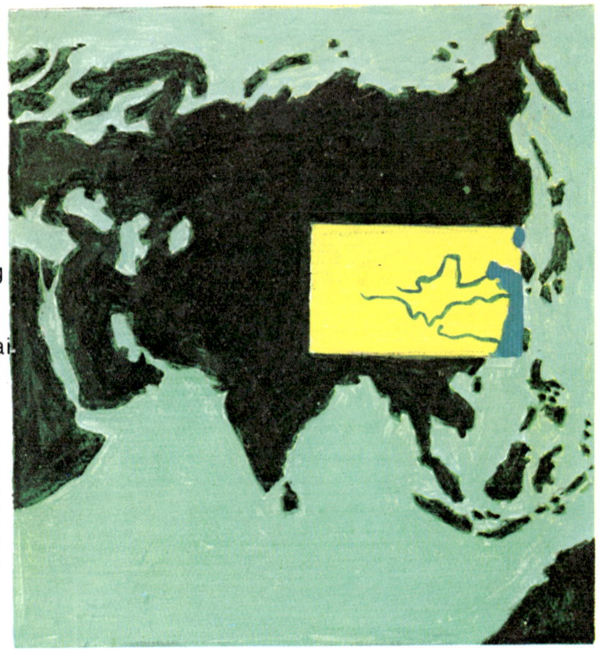

Wasserräder. Diese riesigen Schaufelräder werden von der Strömung der Flüsse angetrieben. Sie schöpfen das Naß in die Bewässerungskanäle.

Bronzedrachen in einem Palast zu Peking. In China gilt der Drachen nicht als böses, furchterregendes Wesen; man hält ihn vielmehr für einen Beschützer und Glücksbringer.

Der Huangho

„Chinas Fluch“, „Nationales Unglück“, „Unlenkbarer Fluß“: So nennen die Chinesen den Huangho, den Gelben Fluß, wegen seiner unheilvollen Launen. Kein anderer Strom der Welt ist so rebellisch, keiner verfügt über eine derart verheerende Gewalt. Charakteristisch sind seine ungeregelte Strömung, seine riesigen Überschwemmungen und seine häufigen Laufänderungen.

Er mißt 4200 km und ist damit der zweitgrößte Strom Chinas. Im Hochland von Tibet, in den Seen Tsaring-Nor und Oring-Nor, entspringt er. Talwärts stürzt er durch das Amne Machin-Gebirge und in die Stadt Lantschou. Eindringlich zeigt sich seine Launenhaftigkeit in der großen Schleife, die er gen Norden zieht, wobei er mehrere Male die Chinesische Mauer durchbricht, den Sand der Wüste Gobi durchschneidet und den südlichen Teil von ihr abtrennt (die Ordos). Schließlich wendet er sich nach Süden, biegt bei Yungtsi plötzlich wieder ab, richtet sich ostwärts, dann nach Nordosten, um endlich im Golf von Tschili zu münden.

Seine gelbliche Farbe und damit seinen Namen „Gelber Fluß" gaben ihm die gewaltigen Mengen von Löß, die er mit sich führt. Er gehört zu den Flüssen mit der größten Erosion. Das hat die schlimmsten Folgen: Weite Flächen besten Ackerlandes werden mitgerissen, und die Ablagerungen ändern immer wieder seinen Lauf.

Die Große Chinesische Mauer. Zweimal durchbricht der Huangho die berühmte Große Mauer, die im 3. Jh. v. Chr. gebaut wurde, um die Mongolen aufzuhalten, die von Norden her die Städte bedrohten. Sie ist 6000 km lang und zum größten Teil erhalten.

Die Schluchten des Jangtsekiang. In seinem mittleren Lauf durchbricht der Jangtsekiang vier Schluchten, in denen bis zu 1000 m hohe Felswände aufragen. Sie heißen: Schlucht der Tigerzähne, Mondschlucht, Hexenschlucht und Ochsenleberschlucht.

Der Jangtsekiang

Man bezeichnet den Huangho und den Jangtsekiang als Zwillingsflüsse: Beide entspringen im Hochland von Tibet, beide strömen nach Osten, und bevor der Huangho seinen Lauf änderte, lagen auch ihre Mündungen nahe beieinander.

Der Jangtse ist 5500 km lang. Sein Einzugsgebiet bedeckt eine Fläche von zwei Millionen km^2, und durchschnittlich bringt er dem Meer pro Sekunde 20000 m^3 Wasser zu. Er ist damit der längste und wasserreichste Strom Asiens.

Aus diesen Gründen – aber auch, weil er sehr fruchtbare Landstriche bewässert und enorme Mengen elektrischer Energie liefert – ist der Jangtsekiang von größter wirtschaftlicher Bedeutung: In seinem Einflußgebiet leben 350 Millionen Menschen, etwa die Hälfte der Gesamtbevölkerung Chinas. Selbstverständlich säumen große Städte seine Ufer, denn er ist gewissermaßen die Achse des Wirtschaftslebens. Der Strom bewältigt mehr als die Hälfte des Waren- und Personenverkehrs Chinas.
Doch der Jangtsekiang bringt auch schwere Gefahren mit sich. Seine Hochwasser haben in 2000 Jahren zu 1000 oft verheerenden Überschwemmungen geführt.

Reismühle. Trotz der bedeutenden Fortschritte auf technischem Gebiet wird in der chinesischen Landwirtschaft auch heute noch oft mit primitiven Mitteln gearbeitet. Diese Mühle hier enthülst Reis.

Chinesischer Bauer. Er schützt sich nach alter Sitte mit Hut und Mantel aus Reisstroh, an denen das Wasser herabläuft.

Bis Chungking ist er schiffbar. Diese Stadt, die mehr als zwei Millionen Einwohner hat, liegt am Zusammenfluß mit dem Kialing (Kiang), eingebettet in das Rote Becken, das die fruchtbarsten Reis- und Gemüsefelder Chinas beherbergt. Dampfschiffe und Dschunken kommen bis hierhin und machen die Stadt zu einem bedeutenden Warenumschlagplatz. Die Stadtmauer aus dem 15. Jahrhundert wurde niedergerissen. Aber die engen winkligen

Gassen der Altstadt sind erhalten geblieben. Kein Fahrzeug kann passieren. So müssen auch heute noch alle Lasten in „Kuli-Manier" auf dem Rücken transportiert werden.
Doch kehren wir zum Fluß zurück. Er schlängelt sich hinter Chungking durch die großartigen Jangtse-Schluchten, die im Norden von Ichang 460 km weit das Gelände zerschneiden. Auf dieser Wegstrecke bildet er 60 große Wasserfälle. Die vier gefährlichsten Schluchten tragen die Namen: „Schlucht der Tigerzähne", „Mondschlucht", „Hexenschlucht" und „Ochsenleberschlucht". Nachts werden sie von roten und weißen Signallichtern angestrahlt. Flußabwärts benötigen Dampfschiffe drei Tage für ihre Durchquerung, aufwärts doppelt so lange. Dschunken brauchen sechs Wochen oder mehr. Auf einigen Teilstücken müssen die Schiffe von gefahrvollen Pfaden aus, die hoch in den Fels gehauen sind, gegen den Strom geschleppt werden. Den

Die Brücke von Wuhan. Sie ist die einzige Brücke über den Jangtsekiang und damit die einzige Verbindung zwischen Nord- und Südchina.

Fischer am Kaiserkanal. Hier werden Kormorane zum Fischen abgerichtet. Sie schnappen zu, doch ein Ring am Hals hindert sie daran, die Fische zu verschlucken.

Steuerleuten muß jeder Strudel, jedes Riff, jede Klippe bekannt sein, denn Unaufmerksamkeit bedeutet Schiffbruch und sicheren Tod.
Bei Ichang verläßt der Jangtse die Schluchten und setzt seinen Weg durch die Ebene von Hupeh fort. Hier heißt er Ti Kiang, der Große Fluß, wird aber auch „Vater der Flüsse“ genannt. Das Flußbett weitet sich hier zu einem Binnenmeer aus. Lediglich ein paar Inseln unterbrechen die Monotonie des träge dahinfließenden Stroms. Bald erreichen wir Wuhan, das aus drei im Jahre 1927 vereinigten Städten besteht: Hangkow, Wuchang und Han-

Straße der Steintiere in Nanking. Ein Beispiel moderner Bildhauerei am Ufer des Jangtsekiang. Das Fahrrad ist das wichtigste Fortbewegungsmittel des Riesenreiches.

yang. Hier, wo sich der Flußlauf zu einem Kilometer verengt, überspannt ihn eine Brücke. Auch zu Hochwasserzeiten können die Schiffe unter ihrem Metallgerüst passieren. Der Jangtse trennt China in zwei Teile, und sie ist die einzige Brücke, die diese beiden Teile miteinander verbindet.

Kurz vor dem Delta fließt der Jangtse durch Nanking. Die Stadt schmiegt sich an den Fuß eines Gebirgsmassivs, dessen Ausläufer von den Wassern des Stroms umspült werden. Nanking ist ein bedeutender Verkehrsknotenpunkt und berühmt durch seine historischen Bauwerke. Besonders erwähnenswert sind der Palast des Himmelskönigs, die Gräber der Ming und die Pagode von Linkow.

Das Jangtse-Delta beginnt in Wuhu und hat eine Ausdehnung von 80000 km^2. Südlich davon liegen drei große Städte, die alle von einem engen Kanalnetz durchzogen sind: Wuhsi, Sutschon und Schanghai, das in Europa vor allem deshalb bekannt wurde, weil es seinen Hafen als ersten Chinas für den Auslandshandel öffnete. Hier – wie in allen Städten an den chinesischen Flussen und Küsten – sind für viele Menschen die Dschunken schwimmende Geburts-, Wohn- und Sterbestätten.

Schanghai. An der Mündung des Jangtsekiang liegt Schanghai, eine höchst moderne, überquirlende Großstadt und ein bedeutendes Handelszentrum für die ganze Welt. Der Huang Po durchquert diese Millionenstadt mit großer und abenteuerlicher Vergangenheit.

Dschunken auf dem Sikiang. Der Sikiang ist zwar kürzer als der Huangho, führt aber doppelt soviel Wasser und ist bis Nanning – 500 km flußaufwärts – gut schiffbar.

Der Sikiang

Verglichen mit dem Huangho und dem Jangtsekiang ist der Sikiang geradezu bescheiden, denn seine Länge beträgt „nur“ 2000 km und sein Einzugsgebiet 400000 km². Als drittgrößter Flußlauf Chinas durchzieht er jedoch ein interessantes Gebiet, in dem die Städte Kanton, Macao und – an der Mündung – Hongkong gelegen sind. Da er tiefer im Süden fließt, ist er einem tropischen Lebensrhythmus unterworfen: Der Wasserstand schwankt stark zwischen der trockenen Winter- und der regenreichen Sommerzeit.

Fischerjunge in der Mündung des Sikiang. In ihren Booten, die mit Holzgestellen zur Bewahrung der Balance versehen sind, wagen sich die Jungen ziemlich weit ins Meer hinaus.

Schwimmende Häuser in Kanton. An vielen Orten des Fernen Ostens findet man schwimmende Siedlungen, in denen ein großer Teil der Bevölkerung lebt. Kanton hat seine Tore schon früh dem Außenhandel geöffnet.

Seine durchschnittliche Wassermenge von 8700 m^3 pro Sekunde ist bedeutend höher als die des Huangho und macht ihn das ganze Jahr über bis beinahe 500 km tief ins Landesinnere schiffbar.
Der Sikiang entspringt im Hochland westlich der Provinz Kuangsi unter dem Namen Yu Kiang und erhält erst in der Nähe seiner Mündung die endgültige Bezeichnung Sikiang. Zahlreiche Nebenflüsse wie der Kuei, der Tung, der Peh und der durch Kanton strömende Chu Kiang (Perlfluß) führen ihm ihre Wasser zu.
Kanton galt früher als die am meisten vom Westen beeinflußte der chinesischen Städte. Sie hat schon früh Handel mit den westlichen Ländern getrieben. Im Geschäftsviertel spürte man deutlich den (oft verderblichen) Einfluß der Ausländer, die dort lebten. Hier geschahen jene Ereignisse, die den Opium-Krieg (1840–1842) zwischen China und England sowie die revolutionäre Bewegung Chinas heraufbeschworen.

Der Mekong

Der Mekong ist einer der geheimnisreichsten Flüsse der Welt. Er hat Dynastien und Kulturen erlebt, die längst im Dunkel der Zeiten und im Geraune der Dschungel versunken sind.
Seinen Ursprung nimmt er auf den Höhen Tibets aus einem gewaltigen Gletscher. Zwischen Schluchten und Felswänden stürzt er tosend mehr als 2000 km durch unwegsame Gebiete, bis er schließlich auf eine üppige Vegetation stößt, die vielen Tieren Schutz bietet. 200 km weit dient der Mekong als natürliche Grenze zwischen

Vietnamesischer Ochsenkarren im Regen. Die sommerlichen Regenfälle des Monsun setzen häufig das ganze Land unter Wasser. Doch dadurch wird Indochina zu einem der fruchtbarsten Gebiete der Welt.

Der obere Mekong. Dieser Fluß entspringt in einer unzugänglichen Gegend des tibetanischen Hochlands. Tiefer drunten, in der Ebene, durchfließt er tropische Wälder.

Laos und Birma. Dort, wo er nach Laos eindringt, befinden sich an seinen Ufern die Siedlungen der Urwaldbewohner.

Die Dschungel sind der Laoten größter Reichtum. Die

Fischer und Pfahlbauten. Ein Großteil der Bevölkerung Indochinas verdient seinen Lebensunterhalt durch die Fischerei auf dem Mekong und dessen Nebenflüssen. Wegen der Hochwasser bauen viele ihre Hütten auf Pfählen.

Baumstämme werden nach Saigon geflößt. In allen Ländern, die er durchfließt, ist der Mekong ein wichtiger Verkehrsweg.

Auf Teilstücken von jeweils 400–500 km ist er schiffbar: zunächst von Vientiane bis Savannaket, von dort bis Khong und schließlich von Pnom-Penh bis zur Mündung. Nach mehr als 500 km, auf denen er Grenzfluß zwischen Laos und Thailand ist, dringt der Mekong nach Kambodscha ein; auch hier – wie in Laos – leben 80% der Bevölkerung an seinem Lauf. Während der Regen-

Buddhistischer Mönch. Der Buddhismus hat in ganz Indochina eine alte Tradition. In dem berühmten Angkor Wat (erbaut 1112–52) blieb stets eine kleine Priestergemeinschaft zurück.

zeiten treten seine Wasser beim Toule Sap-See über die Ufer, überfluten die Wälder und befruchten dabei das Erdreich.

Die wichtigste der Städte, die er auf seinem langen Lauf zum Meer durchströmt, ist Pnom-Penh mit 500 000 Einwohnern.

Nachdem wir mit dem Fluß ganz Indochina von Norden nach Süden durchwandert haben, gelangen wir nun nach Südvietnam. Hier gabelt sich der Strom in mehrere Arme, die in das Südchinesische Meer münden.
Saigon ist die Hauptstadt Südvietnams. Vor nicht allzu langer Zeit war sie noch eine typisch französische, lebensfrohe Stadt. Heute dagegen ist sie völlig verwandelt. Die Schrecken des Krieges haben sie schwer gezeichnet.

Angkor Wat, ein Monument klassischer Khmer-Architektur, war jahrhundertelang im Dschungel verborgen und von der Welt vergessen. Die ehrwürdigen Bauwerke bedecken fast 2 Millionen m². Angkor Wat ist damit die größte Tempelanlage auf Erden.

Thai-Dam-Frau. Die Stämme der Thai kamen einst aus dem chinesischen Gebiet des oberen Jangtsekiang und zogen von dort zum Mekong, wo sie autonome Staaten gründeten.

Saigon. Diese vom Krieg jahrzehntelang gepeinigte Stadt liegt an einem Küstenfluß, der sich mit dem Mekong und dessen Delta vereinigt.

Parade in Bangkok. Königliche Schiffe gleiten in Bangkok den Menang hinab. Die Hauptstadt Thailands ist die einzige große Stadt des Landes.

Thailändischer Bauer. In Thailand ist – wie fast überall im Fernen Osten – der Wasserbüffel unentbehrlich zur Bestellung der Reisfelder.

Der Menam

Beim Betrachten einer Landkarte erkennen wir deutlich, daß Thailand aus zwei Landesteilen besteht, die sich stark voneinander unterscheiden: Der Süden bildet einen Teil der Halbinsel Malaya und ragt als schmale Landzunge ins Meer hinaus; der kontinentale Norden hingegen ist eine weite fruchtbare Ebene, die vom Menam und seinen Nebenflüssen bewässert wird. Man darf sagen, daß sich in diesem Tiefland die Geschichte und die Wirtschaft des Landes konzentriert haben. Seine Bewohner sind Nachfahren der Tai (in Thailand: Thai), einem aus China stammenden Volk, das sich im Menam-Becken seßhaft gemacht hat.
Der 700 km lange Menam (oder Mae Nam Chao) entsteht in Nahon Sawan aus dem Zusammenfluß des Menam Ping und des Menam Yom.

Thailändischer Tanz. In ganz Südostasien ist die Tanzkunst weit mehr als ein bloßes Volksvergnügen: Stets haben die Tänze auch einen religiösen, ethischen und moralischen Sinngehalt.

Bangkok, eine der von Legenden geschmückten Metropolen des Fernen Ostens, liegt an der Mündung des Menang. Der Wat Arum, die Pagode der Morgenröte, ist ein schönes Beispiel der religiösen Architektur des alten Siam.

Diese Ströme führen bereits die Wasser vieler Nebenflüsse mit sich, wie die des Menam Wang und des Nan, die alle im Norden des Landes, bei den Grenzen zu Birma und Laos, ihren Ursprung haben. Der Lauf des Menam spaltet sich in verschiedene Arme, die untereinander durch ein Kanalnetz verbunden sind. Er mündet in der Nähe des Bang Pehong und des Me Klong in den Golf von Siam. Das Mündungsgebiet des Menam ist dank des weiten Flußnetzes ein einziges riesiges Reisfeld. 80% der Anbaufläche Thailands sind mit Reis bepflanzt.

Die Hauptstadt Bangkok wird von Menam und zahlreichen Kanälen durchzogen. Es gibt auch einen schwimmenden Markt, wo die Händler ihre Waren auf Kähnen feilbieten. Die schönen Bauwerke, Gärten und chinesischen Viertel mit ihrer exotischen Farbenpracht verleihen Bangkok einen eigentümlichen Zauber. Die Stille in den Parks und Pagoden bildet einen starken Gegensatz zu dem oft chaotischen Lärm des Straßenverkehrs.

Der Irawadi

Er ist nicht der größte Fluß Birmas. Der Saluen mit seinen 2500 km ist länger, jedoch für das Land ohne besondere Bedeutung, da sein Lauf bis zur Mündung zwischen Gebirgszügen eingeschnürt ist. Anders der Irawadi: Ihm verdankt Birma den größten Teil seiner Wirtschaftskraft.

Der Irawadi ist 2250 km lang; 2000 km weit strömt er durch Birma. Er entsteht im Norden der chinesisch-birmesischen Grenze im Myitkyina-Gebirge aus der Vereinigung zweier Flüsse, die aus dem Tibetanischen Hochland herabkommen, dem Malikka und dem

Lashi-Frau. Als eine Folge der ständigen Wanderungen in Nord-Süd-Richtung ist der Norden Birmas zu einem Schmelztiegel verschiedenster Völkerschaften geworden.

Nmaihka. Von hier fließt er genau nach Süden durch Birma. Auf der Höhe der Arakan-Berge und des Shan-Hochlandes bildet er eine breite Schwemmfläche, in der sich Handel und Landwirtschaft Birmas konzentrieren. Sein mächtiges Delta wird aus mehreren Armen geformt. Wenige Kilometer davon entfernt erstreckt sich die mehr als 800000 Einwohner zählende Hauptstadt Rangun. In der Mitte des vorigen Jahrhunderts wurde sie in den Kriegen zwischen England und Birma zerstört. Die Engländer bauten sie wieder auf und gaben ihr mit weiten Alleen und moderner Architektur ein neues Gesicht, das reizvoll mit den alten Tempeln und Pagoden kontrastiert.

Auf dem Inie-See, nicht weit vom Irawadi entfernt, betätigen die Fischer ihre Ruder mit dem Fuß. Es gibt Boote mit nur einem Ruder, aber auch große mit acht, zehn und mehr Ruderern, die ihre Riemen im Gleichtakt bewegen.

Reistransport auf dem Irawadi. Der Reis wird auf Booten von unverwechselbarer Form transportiert. Man nennt sie „laungzats". In langen, ganz flachen Kähnen wird Holz auf dem Strom transportiert.

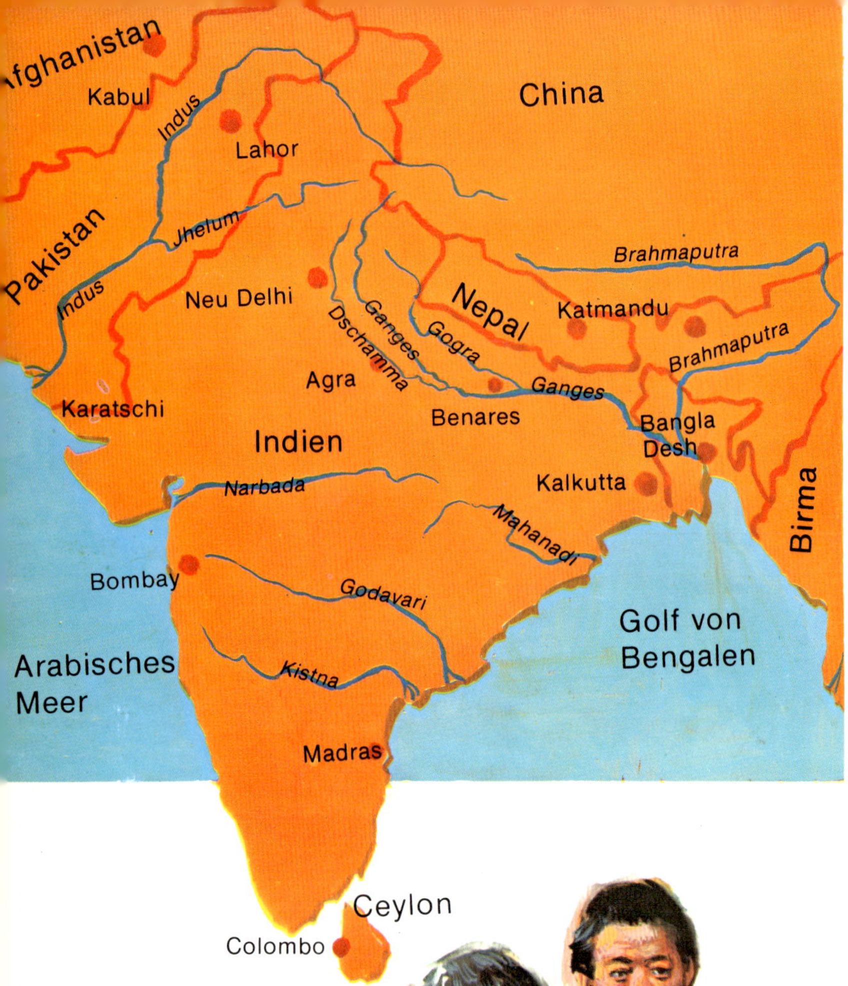

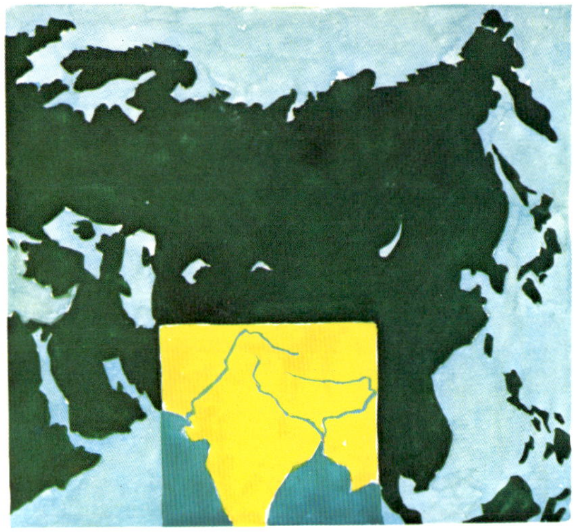

Das Himalaya-Gebirge. Das Hochland von Tibet schließt in seinem südlichen Teil an die Nordhänge des Himalayas an, wo die höchsten Gipfel der Welt in den Himmel ragen. Der Yak ist in diesen Regionen das einzige Haustier.

Tibetanischer Adliger mit seinen Söhnen

Der Brahmaputra

Schon bei der Beschreibung der großen Ströme Chinas und Indochinas tauchte immer wieder das Tibetanische Hochland als Ursprungsgebiet der großen Flüsse Ostasiens auf. Auch zwei Ströme des indischen Subkontinents, der Brahmaputra und der Indus, entspringen in Tibet. Ein anderer, der Ganges, entsteht im Himalaya-Gebirge, der südlichen Bastion Tibets.

Tibet, das „Dach der Welt", galt von jeher als Inbegriff einer abgeschiedenen Region, als Hort alter Traditionen, als Hochburg der orthodoxesten Form des Buddhismus, des Lamaismus.

Das tibetanische Brauchtum ist sehr interessant. Beispielsweise sind der 8., 10., 25. und 30. Tag des Monats sowie die Perioden mit Neu- und Vollmond Feiertage. Die Menschen ziehen im Sonntagsstaat zum nächsten Kloster. Sie tragen Blumen, Weihrauch und Geld als Opfergaben mit sich. Die Gebete werden auf Papierblätter geschrieben, die sich, an einem Faden aufgereiht, im Winde bewegen sollen, oder man legt sie in Gebetsmühlen, die gedreht werden. Auch an Neujahr (nach ihrer Zeitrechnung, dem Mondjahr, meist im Februar) wird ein großes Fest gefeiert.

Der Brahmaputra entspringt nahe dem Manasorowar-See und fließt in einer durchschnittlichen Höhe von 3600 m etwa 1400 km weit nach Osten. Danach stürzt er durch eine enge, 2400 km tiefe Schlucht nach Süden, an deren Ende er – 300 km weiter – durch die Provinz Assam in Indien eindringt. Alsdann strömt er durch Ost-Bengalen nach Bangla Desh hinein und mündet nach insgesamt 2900 km zusammen mit dem Ganges in den Golf von Bengalen. Sein ganzer Lauf wird nicht von einer einzigen Brücke überspannt. Den Namen Brahmaputra („Sohn des Brahma") gaben ihm die Hindus, für die er – wie der Ganges – ein heiliger Fluß ist.

Von den Völkern, die in der Provinz Assam leben, seien die Naga erwähnt. Es ist ein freiheitsdurstiges Volk, das die Zentralregierung Indiens vor manche Probleme stellt.

Der untere Brahmaputra. Von Tibet fließt der Brahmaputra in die Ebene hinab, wo er sich mit dem Ganges vereinigt.

bändigt und ohne Gefahr für die Menschen vom Himalaya herabströmen konnte. Deshalb pilgern noch heute alljährlich Millionen von Hindus zum Ganges.
Der Ganges entspringt in einer Eishöhle im 38 km langen Gangotri-Gletscher der Provinz Garhwal. Gangotri beherbergt einen berühmten Tempel, zu dem Jahr um Jahr Tausende von Pilgern ziehen. Als reißender Gebirgsfluß

Naga-Krieger. Die aufrührerischen und gefürchteten Krieger des Naga-Stammes gingen früher auch auf Kopfjagd.

Siedlung in den Himalaya-Ausläufern. Dichtgedrängt schmiegen sich die Häuser in die Gebirgsfalten, damit das wenige flache Gelände voll genutzt werden kann.

Der Ganges

Der Himalaya ist das heilige Gebirge der Inder. Die Kunst, die Religion, ja die gesamte indische Kultur sind von dieser majestätischen Bergkette stark beeinflußt. Für die gläubigen Hindus ist er ein Wallfahrtsort, denn er birgt mit dem Berg Kailas eines ihrer größten Heiligtümer: die Heimstätte des Gottes Schiwa.
Nach der Legende flutete der Ganges einst durch den Himmel, während das Ödland Indien austrocknete. Der König Bhogisata flehte zu den Göttern, der Himmel möge das verschmachtende Land benetzen. Sie erhörten sein Flehen und sandten Wasser zur Erde, doch stürzte es mit solcher Wucht hernieder, daß die Menschen zu ertrinken drohten. Da aber geschah das Wunder: Schiwa, der Mitleid mit der bedrohten Menschheit hatte, ließ alles Wasser auf sein Haupt fallen, und es glitt tausend Jahre lang durch sein Haar, ehe der heilige Fluß ge-

schießt der Ganges unter dem Namen Bhagirati von Westen nach Osten talwärts. Erst nach seiner Vereinigung mit dem Alaknanda erhält er „offiziell" die Bezeichnung Ganges. Durch Täler und Schluchten erreicht er in Hardwar die Ebene und setzt seinen Lauf zum Golf von Bengalen fort. Hier ergießt er sich nach 2700 km ins Meer.

Indischer Sadhu. Die Sadhu, als heilig geltende Männer, sind Philosophen, die im Gebirge leben, wo sie sich der Meditation hingeben. Sie lehren ihren Glauben und legen ihre Philosophie aus.

Hardwar ist die erste Stadt, die der Ganges, noch 2700 km von seiner Mündung entfernt, in der Ebene durchströmt. Von hier aus wird er breiter und wasserreicher.

Die Dschamna und der Tadsch Mahal. Die Dschamna ist der größte Nebenfluß des Ganges zu seiner Rechten. Er fließt durch Agra. An seinem Ufer erhebt sich der Tadsch Mahal, das berühmteste Monument mohammedanischer Baukunst in Indien.

Wichtige Nebenflüsse des Ganges sind Chantra, Gogra, Gandak und Gnugri; sie strömen ihm von links zu, und zwar fast parallel; sie bringen das Schmelzwasser von den Ausläufern des Himalaya mit. Die Flüsse, die von rechts aus der Ebene kommen, nähren sich lediglich von den jahreszeitlich bedingten Regenfällen. Es sind Dschamna, Betwa, Sonar und Son. Den Brahmaputra kann man nicht als Nebenfluß bezeichnen. Zwar entspringen beide nahe beieinander, doch streben sie dann in verschiedene Richtungen, ehe sie in der Mündung wieder zusammentreffen.

Am Lauf des Ganges erheben sich die Städte Kanpur, Benares, Patria, im Delta Kalkutta und Dacca, die Hauptstadt des Staates Bangla Desh. Am Ufer der Dschamna ist Agra mit dem berühmten Tadsch Mahal gelegen. Dieses Grabmal ist wohl das bekannteste Monument mohammedanischer Kunst in Indien. Es besteht aus weißem Marmor und ist mit Mosaiken und Einlegearbeiten aus Karneol, Lapislazuli und Jaspis verziert. Der Großmogul Dschehan ließ es 1630 für seine Lieblingsfrau errichten.
Wenn wir der Dschamna flußaufwärts folgen, gelangen wir nach Neu Delhi, der Hauptstadt Indiens. Mit 2500000 Einwohnern ist sie eine moderne Stadt. Doch finden wir auch viele Überreste und Monumente einer großen Vergangenheit. Das „Rote Fort“ ist einer der schönsten Paläste der Welt. Auch die Große Moschee, die Dschama Masigd, muß erwähnt werden, sowie das Grab des Großmogul Humajun. Flußabwärts liegt Benares, die „heilige“ Stadt. Wenigstens einmal im Leben sollte sich jeder Hindu dort im Ganges gereinigt haben. Nahe der Mündung, nur 120 km vom Meer entfernt, er-

Schlangenbeschwörer. Schausteller sind in Indien häufig anzutreffen: Wahrsager, Gurus, Gaukler, Fakirs. Doch am meisten beeindrucken die Schlangenbeschwörer, die mit gefährlichen Tieren jonglieren.

Der Ganges in Benares. Überall am Lauf des Ganges, der für die Hindus heilig ist, sieht man Menschen, die in seinen Fluten baden. Wenigstens einmal in seinem Leben sollte jeder Gläubige nach Benares pilgern, um dort seinen Geist zu läutern.

streckt sich das chaotische Kalkutta. Bis 1911 war es die Hauptstadt von Britisch-Indien. Heute leben dort drei Millionen Menschen. Es ist die schmutzigste und verkommenste Stadt nicht nur Indiens, sondern vermutlich der ganzen Welt.

Der Brahmanismus oder Hinduismus ist die beherrschende Religion Indiens. Ihr hängen etwa 365 Millionen Menschen an. Brahma ist die in allem gegenwärtige schöpferische Kraft; ihr steht Schiwa gegenüber, der zugrunde richten will, auf daß Neues geschaffen werden kann; Wischnu wiederum ist der Bewahrer des Lebens. Sie bilden die Götterdreiheit Trimurti, welche durch einen Körper mit drei Köpfen dargestellt wird. Die Seele ist unsterblich; nach dem Tod geht sie in ein anderes Geschöpf über, das nach den guten oder bösen Taten beurteilt wird.

Überquerung des heiligen Flusses. Der Ganges durchfließt Dschungelgebiete, in denen der Elefant wegen seiner Kraft und Widerstandsfähigkeit als wertvolles Arbeitstier verwendet wird.

Pilger am Jhelum. Dieser bedeutende Zufluß des Indus durchquert die schöne Stadt Srinagar, die Hauptstadt der Provinz Kaschmir.

Der Indus

Der Indus entspringt in den Gletschern des Kailas-Gebirges in Tibet, nahe den Quellen des Brahmaputra und des Satledsch, am westlichen Abhang des Himalaya. Rund 300 km nach seinem Ursprung fließt er nach Indien hinein; zuvor durchquert er zwischen den Bergen des Himalaya und des Karakorum die Landschaft Kaschmir. Dann beschreibt er einen Bogen, strömt nach Pakistan und wendet sich dann nach Süden, wo er auf der Höhe von Karatschi, dem Sitz der pakistanischen Regierung, ins Meer mündet. Bis dahin hat er 3180 km zurückgelegt. In Kaschmir und im Pandschab ist der Boden äußerst fruchtbar; hier sind seine Ufer dicht besiedelt. Doch durchzieht er auch Steppengebiete wie z. B. Sindh. Zuweilen wuchert am Flußlauf üppige Vegetation; andernorts freilich ist er versandet. Beim Monsunregen im August und September treten die Wasser über die Ufer, breiten sich kilometerweit ins Land aus und schwemmen das Erdreich fort.

Hängebrücke an Seilen. Neben soliden Brücken aus Stein und Holz sieht man auch solch primitive Konstruktionen. Die Leute hangeln an einem Seil und werden von einem Ufer zum andern gezogen.

Am Indus liegen so bedeutende Städte wie Islamabad, Rawalpindi, Haiderabad und Karatschi. Seine wichtigsten Nebenflüsse sind Dschilam, Kabul, Satledsch, Tschinab und Raci.

Im Jahre 1928 begann sich die Möglichkeit der Teilung Indiens abzuzeichnen. Die Moslems träumten von einem eigenen Staat, dem Mohammed Iqbal im Jahre 1933 den Namen Pakistan gab und der schließlich 1947 seine Unabhängigkeit erlangte. Die Metropole Karatschi ist mit ihren 2 Millionen Einwohnern das dichteste Ballungszentrum des Landes.
70 Millionen gläubige Moslems machen aus Pakistan das bedeutendste mohammedanische Land. Alltag und Politik sind eng mit den Geboten und Lehren des Koran verwoben.

Flöße aus Büffelhaut. Damit die Häute unbeschädigt bleiben, werden die Tiere nicht zerlegt. Man bricht ihnen die Knochen und zieht sie geduldig aus einer kleinen Öffnung. Jede Haut kann drei Personen über Wasser halten.

Der Linsang, ein Raubtier aus der Familie der Schleichkatzen. Er ist 40 cm lang, der Schwanz mißt weitere 30 cm, sein Körper ist langgestreckt, die Schnauze spitz, die Pfoten sind kurz. Er nährt sich von wilden Vögeln und andern kleinen Tieren.

Der Tiger ist das gefürchtetste Raubtier. Zahllose Legenden weben sich um diesen Einzelgänger. Die eingeborenen Jäger verbrennen seine Barthaare, um den bösen Geist zu vertreiben, der in dem Tier wohnen soll.

Die Fauna Südasiens

Die dichte Pflanzendecke – Urwälder, Sümpfe und Mangroven – bietet einer Vielzahl von Tierarten Nahrung, Schutz und Lebensraum: angefangen von den großen Säugetieren, asiatischen Elefanten, Flußpferden und Nashörnern, bis zu den kleinen Plumploris und den Koboldmakis mit ihren runden Nachtaugen.

Der indische Elefant unterscheidet sich vom afrikanischen durch seine kleineren Zähne und Ohren. Auch sein Elfenbein ist von anderer Beschaffenheit. Übrigens ist er viel friedlicher und leichter zu zähmen als sein afrikanischer Artgenosse.

In Asien lebt die schönste, aber auch gefährlichste Raubkatze: der Tiger. Er ist massiger als der Löwe Afrikas und trägt keine Mähne; sein Fell ist gelblich-rot mit schwarzen Streifen. Die Zahl der Tiere ist jedoch in den letzten Jahrzehnten erheblich zurückgegangen. Die Inder glauben, daß in jedem dieser Tiere eine Seele lebe, die in ihrem früheren Leben einem bösen Menschen innewohnte. Im allgemeinen jagt der Tiger nur wilde Tiere, auch wenn er einen Unterschlupf in der Nähe eines Dorfes hat. Es kommt aber vor, daß schwache, kranke, alte oder verletzte Tiger Haustiere reißen. Dann wird die Raubkatze von den Bauern unerbittlich gejagt.

Dabei benutzen sie Fallen: Gräben, aus denen Rohre wie Dolche ragen, oder Gitter, die an Bäumen befestigt werden und auf den Tiger herabfallen.
Außer Raubtieren gibt es aber auch viele Pflanzenfresser. Wir wollen nur die schwarze Antilope und die indische Gazelle, das Mähnenschwein und den Wasserbüffel nennen.

Plumplori. Dieses kleine Nachttier verbringt den Tag schlafend im Schutz der Bäume. In der Abenddämmerung geht es auf Futtersuche. Es frißt Früchte, Eier und frisch geschlüpfte Vögel. Freiwillig klettert es nie von den Bäumen herunter.

Ein Gibbon-Affe, eine der zahllosen Vierhänderarten, die im Süden und Südosten des asiatischen Kontinents weit verbreitet sind und denen man auf Schritt und Tritt begegnen kann.

Indischer Bär. Nicht nur in den Bergen leben Bären, sondern auch in tropischen Wäldern; natürlich sind das andere Arten. Der Bär ist ein Allesfresser: Er jagt, fischt, raubt Eier und Honig und frißt Beeren und andere Früchte.

Asiatische Nashörner. Sie unterscheiden sich von den afrikanischen durch ihre Größe, die Form ihres Mauls und ihre Hörner (meist nur eines) sowie durch die Anordnung der Platten ihres dicken Panzers. Sie sind reine Pflanzenfresser.

Den Wasserbüffel findet man selten in freier Wildbahn: Meist wird er als Haustier gehalten. Er wird zur Bearbeitung der Reisfelder vor Karren und Pflüge gespannt. Diese Büffel sind sehr kräftig, widerstandsfähig und willig. Mit Gelassenheit ertragen sie die wildesten Spiele der Kinder. Die Nähe von Tigern hingegen meidet das Tier: Erspäht es einen, dann versucht er, ihn in den Busch zu vertreiben; nicht selten passiert es, daß ein Wasserbüffel mit gesenktem Schädel und aufgerecktem Horn einen Tiger angreift. Und wehe dem Tiger, der sich nicht rechtzeitig in Sicherheit bringen kann! Der Büffel würde ihn zerreißen.

Die Python-Schlange wird 6–9 m lang. Trotz ihrer Kraft und ihres dehnbaren Mauls sind Erzählungen von Menschen und großen Tieren, die sie schon verschlungen haben soll, unwahrscheinlich. Doch kleine Antilopen, Ziegen, Hunde usw. frißt sie wohl.

Gavial des Ganges. Er ist 6 bis 8 m lang und lebt in den Flüssen Indiens. Vor allem nährt er sich von Fischen. Gelegentlich jagt er auch kleine Landtiere.

Ganges-Delphin. Bemerkenswert sind sein langes Maul und seine Zähne. Wie alle Delphine ist er schlau und ein kräftiger Schwimmer. Er frißt ausschließlich Fische.

Wasserbüffel im Fluß. In ganz Asien ist der Wasserbüffel ein wichtiges Zugtier und ein ebenso wichtiger „Lieferant" von Milch, Fleisch und Leder. Im allgemeinen überläßt man das Hüten der Tiere den Kindern.

Das berühmte „Dschungelbuch" des englischen Schriftstellers Rudyard Kipling hat viele dieser Tiere in Europa bekannt gemacht. Der asiatische Wolf gehört dazu, der Wildhund, der schwarze Panther (der sich nur durch die Farbe seines Fells vom gemeinen Panther unterscheidet), die Manguste (eine Schleichkatze, die Schlangen tötet). Ferner gibt es eine Unzahl von Affen, darunter Makalze, „Langarm"-Gibbons, Nasenaffen. Allerorten wimmelt es von ihnen. In Indien gelten sie auch heute noch vielfach als heilig. Ungestört belagern sie Bahnhöfe, Märkte und Straßen, wobei sie kreischen, stehlen und die Leute belästigen.

Bei den Reptilien brauchen wir nur an die riesigen Pythons und die grausamen Brillenschlangen zu erinnern. In den Flüssen hausen Krokodile. Weniger gefährlich sind die Gaviale (eine Krokodilart) im Ganges. Nur gelegentlich schnappen sie ein kleines Säugetier oder einen Vogel; im übrigen nähren sie sich von Fischen und Amphibien.

Schließlich ist noch der Gangesdelphin erwähnenswert. Er unterscheidet sich vom Meeresdelphin lediglich durch seine rundere Kopfform und seinen flacheren „Schnabel".

Euphrat und Tigris

Wie uns die Bibel berichtet, lag die Arche Noahs nach der Sintflut auf den Höhen des Ararat. Dessen stets von Schnee bedeckter Gipfel ist die höchste Erhebung des Armenischen Hochlands im Nordosten der Türkei. Euphrat und Tigris, die beiden wichtigsten Flüsse Vorderasiens, entspringen in diesen Bergen. Der Euphrat strömt den 5165 m hohen Ararat hinab. Während seines ganzen Weges auf türkischem Gebiet ist er kaum mehr als ein Bach.

Von der Türkei fließen beide nach Syrien hinein. Der Euphrat durchschneidet das Land quer, der Tigris streift es nur an der Ostgrenze und bildet für eine kurze Strecke die Grenze zwischen der Türkei und Syrien. Außer dem Westen und dem Süden, wo Bergketten das Land durchziehen (Teile des Antilibanon und des Hermon), trägt Syrien wüstenhaften Charakter. Die Bevölkerung setzt

Oberer Lauf des Tigris. Bevor der Tigris in die ziemlich flache Landschaft Mesopotamien gelangt, fließt er 150 km weit in oft wildem Lauf durch ein enges Tal zwischen zwei riesigen Felswänden.

„Kufas“ auf dem Tigris. Diese runden Boote werden aus Häuten hergestellt, die mit Teer wasserdicht gemacht werden. Man benutzt sie seit alten Zeiten. Beim Fahren drehen sie sich oftmals um sich selber.

Das Grab des unbekannten Soldaten beim Denkmal der Revolution in Bagdad. Der hochgeschwungene Bogen soll die Kontinuität der Geschichte versinnbildlichen. Im Hintergrund erhebt sich eine neue Moschee.

Ein typischer Kurde. Die Kurden sind ein freiheitsliebendes und stolzes Volk. Sie führten jahrhundertelang Kriege mit den Persern, Türken, Armeniern und andern Völkern, die sie unterjochen wollten. Ihre bewegte Geschichte, von der die übrige Welt nur selten Kenntnis genommen hat, ist 4000 Jahre alt.

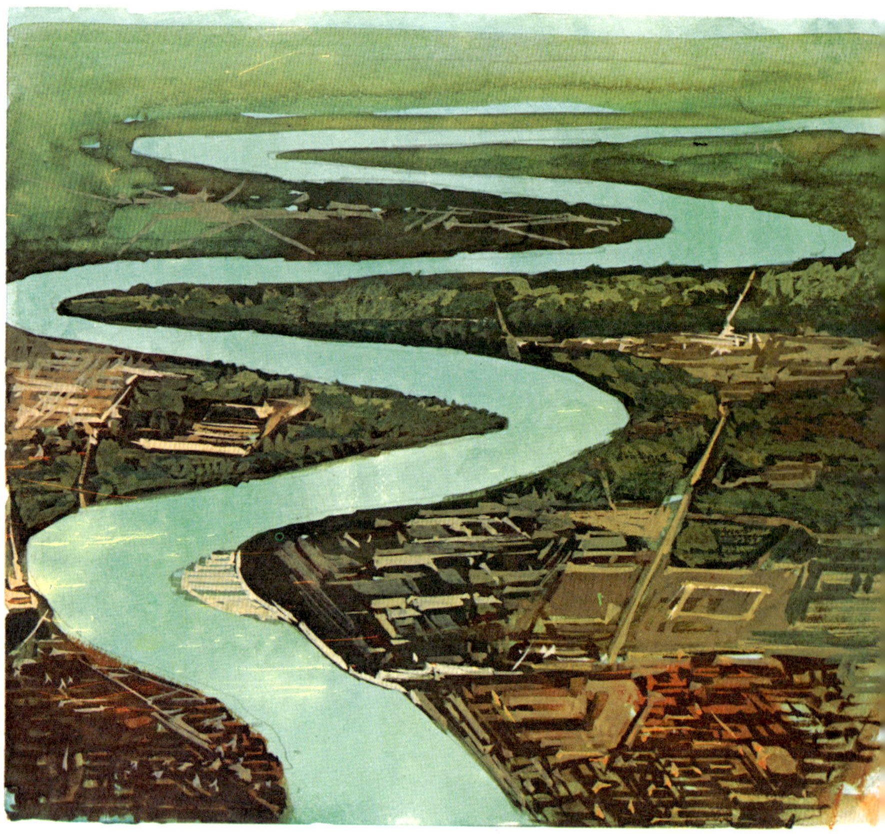

Blick von Bagdad auf den Tigris. Bagdad war die an Pracht reiche Hauptstadt der mohammedanischen Welt während der Regierungszeit des Kalifen Harun al-Raschid. In aller Welt wurde sie bekannt durch die Geschichten aus „Tausend und einer Nacht". Der Mongolensturm hat sie verwüstet. Heute ist sie eine moderne Großstadt.

sich aus sunnitischen Arabern, Türken, Kurden, Juden und vielen anderen Minderheiten zusammen.
Schließlich dringen Euphrat und Tigris in den Irak ein. Erst hier gewinnen sie ihre Bedeutung. Sie bilden zwei weite Täler; das Zwischenstromland ist Mesopotamien. Dank der Überschwemmungen, die die beiden Flüsse hervorrufen, sind die Felder sehr fruchtbar.

Auf syrischem Gebiet ist nahe der türkischen Grenze in syrisch-sowjetischer Gemeinschaftsarbeit der Euphrat-Damm im Bau. Seine endgültigen Daten: Der Staudamm soll 70 m hoch und 4,5 km lang werden. Man hofft, dann jährlich 3 Milliarden KWh Energie zu gewinnen.
Euphrat und Tigris vereinigen sich endlich in einem Becken, dem Schatt Al-Arab. Es ist 180 km lang und mündet in den nördlichen Zipfel des Persischen Golfs. Der Tigris hat 1950, der Euphrat 2400 km hinter sich gebracht.
In Basra ist das Schatt Al-Arab fast 500 m breit. Hier, 110 km von der Küste entfernt, befindet sich einer der bedeutendsten Binnenhäfen des Nahen Ostens.
Die Metropole des Iraks ist Bagdad, die am höchsten gelegene Stadt am Tigris. Sie wurde im Jahre 763 von dem

Sabäischer Ritus. Die Sabäer bilden eine kleine Sekte von Schmieden und Bootsbauern am Unterlauf von Euphrat und Tigris. Bei der Taufe lassen sie die Novizen vom Wasser des Flusses trinken.

abbasidischen Kalifen Almansor gegründet. Jahrhundertelang war sie das Zentrum der mohammedanischen Welt. Zu hohem Glanz wurde sie im 9. Jahrhundert durch Harun al-Raschid erhoben. Ihr Niedergang begann 1258 mit dem Einbruch Hulagus, eines Enkels des Dschingis Khan, der das Kalifat vernichtete. Erdölfunde haben der Stadt in der Neuzeit wieder große Bedeutung verliehen. Der Tigris trennt Bagdad: Die Neustadt liegt rechts des Flusses, die Altstadt links.
In vielen Gebieten des Irak können die Bauern zweimal im Jahr ernten. Die wichtigsten Agrarprodukte sind Weizen, Gerste, Reis und Gemüse. Dattelpalmen bilden

Der Berg Arafat, wo der Bibel zufolge nach der Sintflut die Arche Noah landete. Das Schmelzwasser dieses Berges fließt in die Bäche hinab, welche die Quellen des Euphrats bilden.

einen wesentlichen Bestandteil des Landschaftsbildes, vor allem am Lauf des Schatt Al-Arab. Der größte Reichtum des Landes ist jedoch sein Erdöl. Fast die gesamte Produktion wird über den Hafen Basra exportiert.

An diesem Kreuzpunkt leben verschiedene ethnische Minderheiten. Die wichtigsten im Norden – hauptsächlich in Armenien – sind die Kurden. Es ist ein hellhäutiges Volk mit schwarzem Haar und dunklen Augen. Seine Geschichte läßt sich 4000 Jahre zurück verfolgen. Die Hellenen kannten sie unter dem Namen Karduchen. Dieses rebellische Volk besitzt einen ausgeprägten Freiheits- und Unabhängigkeitsdrang. Allerdings wird es bis zum heutigen Tag sowohl vom Iran als auch von der Türkei hart unterdrückt, und es muß befürchtet werden, daß es irgendwann in nicht allzu ferner Zeit ganz ausgelöscht wird. Die seßhaften Kurden leben als Bauern in Stein- und Lehmhäusern. Die Nomaden unter ihnen sind Hirten und hausen in Zelten aus Leinen oder Leder. Sie schließen sich in Stämmen zusammen, die patriarchalisch geführt werden. Die Frauen genießen eine gewisse Freiheit; nur die reichen tragen einen Schleier. Die meisten Kurden sind Mohammedaner. Es gibt auch die Sekte der Jesiden. In ihrem Glauben mischen sich Elemente des altorientalischen Heidentums, des Christentums und des Islams. Diese Sektierer scheuen sich, den Namen des Teufels auszusprechen. Deshalb gaben ihnen ihre Gegner die Bezeichnung „Teufelsanbeter".

Warentransport in Barkassen auf dem Euphrat. Das Tal zwischen Euphrat und Tigris heißt Mesopotamien, „Land zwischen den Flüssen". Es ist sehr fruchtbar und birgt viele Erinnerungen aus alter Zeit.

Ruinen von Babylon. An diesem Strom findet man zahlreiche Ruinen versunkener Städte. In Mesopotamien wurden besonders reiche archäologische Ausgrabungen vorgenommen.

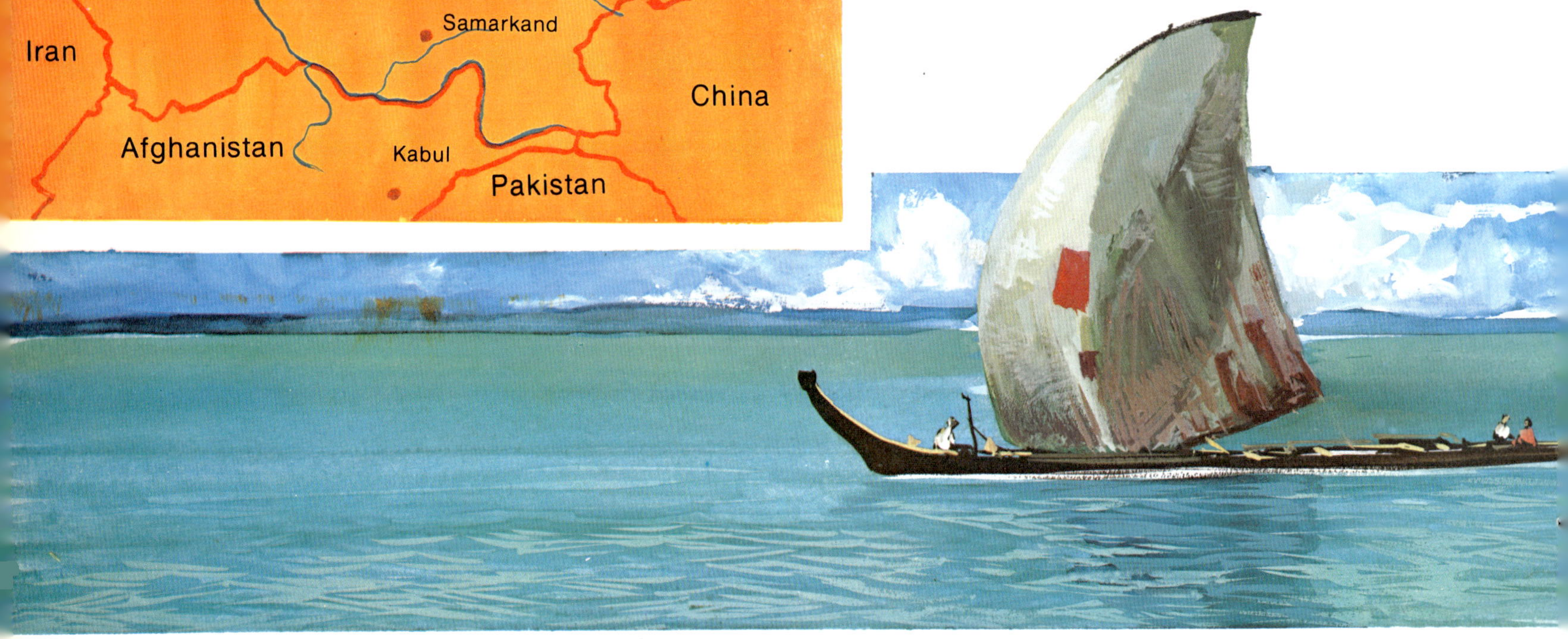

Der Syr Darja und der Amu Darja

Diese beiden Flüsse können wir mit Recht „Zwillinge“ nennen. Sie entspringen an den westlichen Hängen der zentralasiatischen Gebirgsketten, strömen in dieselbe Richtung und münden in breiten, sandigen Deltas in die Aral-See.

Der Syr Darja, der in alter Zeit den Namen Laxartes trug, entsteht im Fergana-Becken (Usbekistan) aus dem Zusammenfluß des Naryn und des Kara Darja. Er fließt nach Kasachstan und trennt die Wüsten Kydsylhusu zur Linken von Majumkum und Karakum. Er ist 2850 km lang.

Schiffahrt auf dem Amu Darja. Ein typisches Boot mit hohem Bug und Segel auf dem Amu Darja inmitten einsamer Wüsten.

Usbekischer Reiter. Die Usbeken, ein Volk mongolischen Ursprungs, halten immer noch an ihrer Tradition als Halbnomaden fest, wenngleich nach und nach den Angeboten der Industrie häufig Folge geleistet wird.

Der Amu Darja – sein früherer Name lautete Oxus – bildet sich aus dem Murgab und dem Pamir. Er ist die Grenze zwischen der Sowjetunion und Afghanistan; dann fließt er in die UdSSR hinein. Für kleinere Schiffe ist er auf einer Strecke von 600 km schiffbar: zwischen Nymi Piandy und Tschardin und etwas weiter flußaufwärts bis zur Mündung.

Die Bewohner dieser Gegend zählen zu verschiedenen Völkerschaften: Russen, Turkomanen, Iraniern, Persern, Chinesen. Zu den reinsten Rassen, die am zähesten an ihren Traditionen festhalten, gehören die Usbeken. Trotz großer Anstrengungen der Sowjetregierung, sie in die Industriezentren zu integrieren, sind viele heute noch Halbnomaden.

Wie die Bibel berichtet, empfing Christus nach seiner Rückkehr aus der Wüste im Jordan aus der Hand von Johannes dem Täufer die heilige Taufe.

Der Jordan

Der Jordan ist kein großer Strom. Von seinen Quellen im Hermon-Gebirge im Libanon bis zu seiner Mündung ins Tote Meer mißt er kaum 300 km. Er ist auch nicht besonders eindrucksvoll. Dennoch zählt er zu den bekanntesten Flüssen auf Erden, denn sein Lauf zieht sich gewissermaßen wie ein roter Faden durch die ganze biblische Geschichte. Vor 4000 Jahren durchschritt Abraham seine Fluten. Von seinem Ufer aus erblickte Moses das Gelobte Land, das selbst zu betreten ihm nicht beschieden war. Und im Wasser des Jordan wurde schließlich Christus von Johannes getauft.
Nicht weit von seinen Quellen entfernt ergießt er seine

Fluten in den See Tiberias, der auch als Galiläisches Meer bekannt ist. An seinen Ufern erheben sich die Städte Tell Hum, das ehemalige Kapernaum, und Tabiga, das alte Galiläa, wo sich das Wunder der Brotvermehrung zugetragen haben soll.

Der Jordan ist meist wasserarm, aber trotzdem von Bedeutung für die Landwirtschaft. Sein kurzer Weg endet im Toten Meer. Es ist reich an Mineralien und wegen seines hohen Salzgehaltes in aller Welt bekannt. Kein Lebewesen vermag darin zu existieren.

Jordanischer Kamelreiter. Er ist ein Angehöriger des haschemitischen königlichen Heeres.

Das Tote Meer ist im tiefsten Erdbecken Palästinas gelegen. Seine Wasseroberfläche befindet sich 397 m u. d. M., und es erreicht eine Tiefe von 390 m. Die Verdunstung ist so stark, daß trotz des Jordanzuflusses der Salzgehalt etwa 25% ausmacht. Das ist fünf- oder sechsmal mehr als in den Ozeanen.

Eingeborener und Fauna Australiens. Die Ureinwohner des australischen Kontinents sind primitive, geduldige, kräftige und hochgewachsene Menschen. – Die Fauna des Kontinents unterscheidet sich sehr von der anderer Erdteile. Hier sehen wir ein Känguruh, einen Koala und eine Waranart.

Der Murray-Darling

Windungen des Murray. Das Flußsystem des Murray-Darling ist das einzig bedeutende auf dem australischen Kontinent. Sonst gibt es nur Flüßchen mit unregelmäßigem Lauf, die – ganz abhängig von den Regenzeiten – viel oder wenig Wasser führen.

Es war der holländische Kapitän Willem Janszoon, der es im Jahre 1605 als erster wagte, in den Golf einzudringen, der später Carpentaria-Golf genannt wurde. Im 18. Jahrhundert erforschte James Cook das Landesinnere und nahm den australischen Erdteil in britischen Besitz.

Bald danach siedelten sich die ersten Europäer an. Freilich taten die meisten dies nicht aus freien Stücken: Es handelte sich vielmehr um Sträflinge, die von der englischen Justiz in jene Ödnis deportiert wurden. Große Schwierigkeiten hatten diese Leute zu überwinden, sowohl im Kampf gegen die Eingeborenen als auch gegen die Trockenperioden. Auf der Suche nach fruchtbaren Regionen gelangten sie in das Tal des Murray-Darling.

Der bedeutendste und wasserreichste Fluß Australiens ist der Murray. Er entspringt in den sogenannten australischen Alpen und legt 1600 km zurück. Auf seiner Reise zum Meer wird er jedoch durch die starke Verdunstung immer kärglicher. Der Murray ist nicht schiffbar, obwohl er auf seinem ganzen Lauf durch flaches Land strömt.

Länger ist der Darling (2400 km). Er nimmt zahlreiche Nebenflüsse aus der Great Dividing Range auf. Deshalb tritt er während der Regenzeiten oft über die Ufer. Bis zu seiner Vereinigung mit dem Murray ist er auf einer Länge von mehr als 2000 km schiffbar. Der Murray mündet mit einem großen Delta auf der Höhe von Wellington, nahe der Stadt Adelaide, in den Indischen Ozean.
Die australischen Eingeborenen sind Anhänger des Totemismus. Sie verstehen viel vom Tätowieren und von der Rindenmalerei.